ESTRATEGIAS SENCILLAS Y EFICACES PARA PROTEGER *tu* SALUD MENTAL

LARA MIRALLES

INTRODUCCIÓN

Este libro quiere ser una guía de aprendizaje y apoyo para proteger y cuidar tu salud mental, mostrándote las estrategias para cuidarla y mejorarla pero antes de nada, ¿qué es la salud mental? Podría definirse como un estado de bienestar emocional, psicológico y social que nos permite disfrutar de nuestras relaciones, trabajar de manera efectiva y enfrentar los desafíos de la vida de manera saludable. La salud mental incluye el bienestar emocional, la estabilidad y la resiliencia psicológica, así como la capacidad de establecer y mantener relaciones saludables con los demás.

Afecta a cómo pensamos, nos sentimos y nos comportamos en nuestra vida diaria. Cuando tenemos problemas de salud mental, nos es más difícil manejar nuestras emociones y actuar de manera efectiva, lo que sin duda afecta negativamente en nuestra vida diaria y en nuestras relaciones con los demás.

Hay muchos factores que pueden afectar a la salud mental, incluyendo el estrés, la ansiedad, la depresión, el abuso de sustancias, el abuso emocional y la falta de apoyo social.

En los últimos años, se ha empezado a hablar más de la salud mental ¿por qué? En primer lugar, la salud mental ha sido un tema tabú durante mucho tiempo, y se ha estigmatizado a las personas que padecen trastornos mentales. Afortunadamente, en los últimos años, se ha hecho un esfuerzo para abordar esta estigmatización y promover la salud mental como una parte fundamental de la salud general.

En segundo lugar, la pandemia de COVID-19 ha tenido un impacto significativo en la salud mental de las personas en todo el mundo. El aislamiento social, el miedo y la incertidumbre sobre el futuro han contribuido a un aumento de los trastornos mentales, como la depresión y la ansiedad.

Por fin se ha reconocido que la salud psicológica es esencial para el bienestar general y el funcionamiento óptimo de las personas, y se ha promovido la importancia de la prevención y el tratamiento de los problemas de salud mental.

Es normal tener altibajos en el estado de ánimo y sentirse ansioso o deprimido de vez en cuando. Sin embargo, si estos sentimientos son persistentes y afectan significativamente tu capacidad para llevar una vida normal, es posible que tengas un problema de salud mental. Algunos signos comunes de problemas de salud mental incluyen:

- Cambios persistentes en el estado de ánimo, como sentirse deprimido o ansioso de manera constante.
- Cambios significativos en el apetito, el

sueño o la energía.

- Dificultad para concentrarse o tomar decisiones.
- Sentimientos de desesperanza o sin sentido de la vida.
- Pensamientos suicidas o deseos de hacerse daño a uno mismo.
- Dificultad para llevar una vida normal, como asistir a la escuela o al trabajo, o mantener relaciones sociales y familiares.

Si sientes que tienes alguno de estos síntomas de manera persistente, es importante buscar ayuda profesional. Un médico o un terapeuta te ayudará a determinar si tienes un problema de salud mental y a encontrar un tratamiento adecuado. Recuerda que es importante tratar los problemas de salud mental lo antes posible para evitar que empeoren.

Si bien en estos casos es imprescindible acudir a un profesional, en este libro vamos a ver qué podemos hacer nosotros para mejorar nuestra salud mental y prevenir problemas futuros.

FÍJATE METAS Y OBJETIVOS CLAROS

Establecer metas y objetivos claros y alcanzables te hará sentir una mayor sensación de control y logro. Además:

1. **Proporciona una sensación de propósito y dirección**: tener metas y objetivos nos da una razón para levantarnos cada mañana y nos hace sentirnos motivados y enfocados.

2. **Ayuda a controlar el estrés**: cuando tenemos un plan y un propósito, es más fácil manejar el estrés y la incertidumbre.

3. **Incrementa la autoestima**: alcanzar metas y objetivos nos proporciona una sensación de logro y nos hace sentir bien

con nosotros mismos.

4. **Fomenta la resiliencia**: al enfrentar obstáculos y superarlos mientras trabajamos hacia nuestras metas, desarrollamos la resiliencia y la determinación.

5. **Mejora la calidad de vida**: porque nos ayuda a sentirnos más satisfechos y a tener una mayor sensación de propósito y significado en nuestras vidas.

Es importante tener en cuenta que establecer metas y objetivos alcanzables es clave para obtener estos beneficios. Si las metas son demasiado ambiciosas o inalcanzables, pueden ser frustrantes y desmotivadoras y conseguir el efecto contrario que buscamos. Por eso es importante que establezcas metas realistas y trabajar hacia ellas de manera progresiva y constante.

¿Cómo puedes establecer metas y

objetivos claros?

1. **Identifica lo que quieres lograr**: Primero, es importante tener una idea clara de lo que quieres lograr. Puede ser útil hacer una lista de tus objetivos a largo plazo y trabajar en ellos para definir tus objetivos de la forma más específica posible.

2. **Haz que tus metas sean SMART**: Asegúrate de que tus metas sean específicas, medibles, alcanzables, relevantes y limitadas en el tiempo. Esto te ayudará a ser más claro sobre lo que quieres lograr y a tener una mejor comprensión de cómo puedes alcanzar tus metas.

3. **Establece un plazo**: Es importante tener una fecha límite para cada una de tus metas para que puedas trabajar en ellas de manera más efectiva. Asegúrate de establecer plazos realistas, pero también

desafiantes.

4. **Trabaja en un plan de acción**: Una vez que hayas establecido tus metas y plazos, crea un plan de acción detallado para alcanzar cada meta. Incluye tareas específicas y plazos para cada una de ellas para ayudarte a mantenerte en el camino correcto.

5. **Rastrea tu progreso**: A medida que trabajes en tus metas, es importante rastrear tu progreso para asegurarte de que estás avanzando. Esto te ayudará a mantenerte enfocado y a hacer ajustes a tu plan de acción si es necesario.

ESTABLECE LÍMITES SALUDABLES Y APRENDE A DECIR "NO"

Establecer límites saludables y aprender a decir "no" nos permiten cuidar de nuestro tiempo, energía y recursos. Además:

1. **Evitan el agotamiento**: si siempre estamos haciendo cosas para los demás o aceptando compromisos adicionales, puede ser fácil quedarnos sin tiempo y energía para nosotros mismos. Establecer límites nos permite decir "no" cuando necesitamos descansar o cuidar de nuestras propias necesidades.

2. **Mejora la autoestima**: cuando establecemos límites y decimos "no",

estamos mostrando respeto por nosotros mismos y nuestras necesidades. Esto aumenta nuestra confianza y autoestima.

3. **Reduce el estrés**: si tenemos demasiadas tareas es fácil sentirnos abrumados y estresados. Establecer límites nos ayuda a evitar este tipo de sobrecarga y a ahuyentar el estrés de manera más efectiva.

4. **Permiten mantener relaciones saludables**: cuando decimos "no" a compromisos que no podemos manejar, estamos mostrando respeto por nuestros propios límites y también por las necesidades de los demás. Esto puede ayudar a fortalecer nuestras relaciones y evitar conflictos innecesarios.

Es importante tener en cuenta que establecer límites y decir "no" no significa ser egoísta o desconsiderado. Se trata de encontrar un equilibrio y de ser honesto con uno mismo y con los demás sobre lo que se puede y no se puede hacer.

Es normal sentirse presionado para decir "sí" a todo, especialmente si sientes que estás dejando a alguien colgado o si no quieres parecer descortés. Sin embargo, es importante aprender a decir "no" . Algunas sugerencias para aprender a decir "no" son:

1. **Identifica tus límites**: Antes de nada, es importante saber qué es lo que puedes y no puedes hacer. Determina lo que es importante para ti para poder establecer una base sólida para decir "no" cuando sea necesario.

2. **Practica la comunicación asertiva**: Aprender a decir "no" de manera asertiva es importante. Esto significa decir "no" de manera clara y respetuosa, sin sentirse culpable ni justificarse. Puede ser útil practicar en situaciones menos importantes para sentirse más cómodo

cuando tengas que decir "no" a algo más importante.

3. **Use frases** como "gracias por pensar en mí, pero no puedo hacerlo en este momento" o "estoy ocupado en este momento, ¿podríamos programar algo para más adelante?" Estas frases son respetuosas y le dan a la otra persona la opción de programar algo para más adelante en lugar de simplemente decir "no".

4. **Aprende a decir "no" sin sentirte culpable**: A veces, la gente se siente culpable por decir "no" porque no quiere defraudar a alguien o parecer descortés. Sin embargo, es importante recordar que decir "no" es una forma de cuidar de uno mismo y de proteger su tiempo y energía. No hay que sentirse culpable por decir "no".

PRACTICA LA MEDITACIÓN

La meditación es una técnica de relajación y atención plena beneficiosa para la salud mental porque:

1. **Reduce del estrés y la ansiedad:** Nos enseña a concentrarnos en el momento presente y a dejar de lado los pensamientos negativos o preocupantes.

2. **Mejora de la atención y la concentración**: La meditación ayuda a mejorar la capacidad para prestar atención y a mantener la concentración durante períodos más prolongados de tiempo.

3. **Alivio del dolor**: Algunos estudios han

demostrado que la meditación puede ser efectiva para aliviar el dolor crónico y otros tipos de dolor.

4. **Mejora del sueño**: La meditación ayuda a conciliar el sueño más fácilmente y a tener un sueño más reparador.

5. **Mayor bienestar general**: Consigue que las personas se sientan más relajadas y en paz consigo mismas, lo que contribuye a un mayor bienestar general y a una mayor satisfacción con la vida.

Es importante tener en cuenta que la meditación no es una solución mágica para todos los problemas de salud mental y que no debe reemplazar el tratamiento médico o psicológico si este fuera necesario. Sin embargo, puede ser una herramienta útil para mejorar la salud mental y el bienestar general.

Existen muchas maneras de practicar la meditación, y la mejor forma dependerá de tus necesidades y preferencias personales. Aquí te brindo algunos consejos generales para empezar a meditar:

1. **Encuentra un lugar tranquilo y cómodo**: Es importante encontrar un lugar donde puedas sentarte o acostarte cómodamente y donde no te molesten las distracciones externas.

2. **Encuentra una postura cómoda**: Puedes sentarte en una silla con la espalda recta o en el suelo con las piernas cruzadas o en cuclillas. También puedes acostarte en tu cama. Lo importante es encontrar una postura en la que te sientas a gusto pero alerta.

3. **Cierra los ojos o enfócate en un objeto**: Algunas personas prefieren cerrar los ojos durante la meditación para minimizar las distracciones visuales, mientras que otras prefieren enfocarse en un objeto, como una vela o una flor. Elije

lo que te resulte más apropiado.

4. **Enfócate en tu respiración**: Una forma común de meditar es prestar atención a tu respiración y seguir su ritmo. Puedes contar las respiraciones o simplemente observar cómo entra y sale el aire de tu cuerpo.

5. **Acepta tus pensamientos**: Es normal que surjan pensamientos mientras meditas. No trates de evitarlos ni juzgues tus pensamientos. Simplemente acepta que están allí y vuelve a enfocarte en tu respiración.

6. **Empieza con sesiones cortas**: Puedes empezar con sesiones de meditación de solo unos minutos y aumentar gradualmente el tiempo a medida que te sientas más cómodo.

Ten en cuenta que la meditación es una práctica y que llevará tiempo y dedicación dominarla. No te desanimes si al principio tienes dificultades para concentrarte o si surgen muchos pensamientos. Con el tiempo, esto mejorará.

REALIZA ACTIVIDAD FÍSICA

Realizar actividad física regularmente tiene una serie de beneficios para la salud física y por supuesto, mental. Algunos de estos beneficios son:

1. **Mejora el estado de ánimo**: la actividad física libera químicos en el cerebro que mejoran el estado de ánimo y reducen el estrés y la ansiedad.

2. **Aumenta la autoestima**: el éxito en el ejercicio y el sentimiento de logro que conlleva pueden aumentar la confianza y la autoestima.

3. **Proporciona una vía para el estiramiento y la relajación:** el ejercicio

ayuda a aliviar la tensión muscular, lo que nos brindará una sensación de bienestar general.

4. **Mejora la calidad del sueño**: el ejercicio regular mejorara la calidad del sueño y ayuda a conciliar el sueño más fácilmente.

Algunos consejos para empezar a incorporar el ejercicio físico en tu vida:

1. **Encuentra una actividad que te guste**: Elige un tipo de ejercicio que disfrutes y que sea fácil de integrar en tu rutina. Esto te ayudará a mantener el interés y la motivación a largo plazo.

2. **Establece metas realistas**: Establece metas a corto y largo plazo que sean alcanzables y ajusta tus objetivos a medida que avanzas.

3. **Variación**: Prueba diferentes actividades y tipos de ejercicio para mantenerte

interesado y evitar el aburrimiento.

4. **Encuentra un compañero de entrenamiento**: Tener un compañero de entrenamiento puede hacer que el ejercicio sea más divertido y ayudarte a mantener la motivación.

5. **Intenta hacer ejercicio de manera regular**: Trata de hacer ejercicio al menos tres veces a la semana durante 30 minutos o más cada vez. Si es difícil para ti encontrar tiempo para hacer ejercicio, intenta integrar actividades físicas en tu rutina diaria, como caminar, subir las escaleras de casa o hacer tareas del hogar.

6. **Consulta a un profesional**: Si tienes algún problema médico o preocupación sobre tu capacidad para hacer ejercicio, consulta a un médico o a un profesional de la salud antes de comenzar un nuevo programa de ejercicio.

MANTÉN RELACIONES SALUDABLES Y SIGNIFICATIVAS CON AMIGOS Y FAMILIARES

Mantener relaciones saludables y significativas con amigos y familiares repercute muy positivamente en tu salud mental porque:

1. **Proporciona apoyo y conexión**: tener amigos y familiares que nos apoyen y estén dispuestos a escuchar es muy reconfortante y nos hace sentirnos menos solos y más conectados.

2. **Ayuda a manejar el estrés**: la sensación de contar con el apoyo de otras personas resulta muy útil para manejar el estrés y la presión.

3. **Mejora el estado de ánimo**: pasar

tiempo con personas que nos hacen reír y nos dan una sensación de alegría mejora sin duda nuestro estado de ánimo.

4. **Proporciona una red de apoyo**: tener amigos y familiares con los que podemos contar en tiempos difíciles nos hace percibirnos más fuertes y capaces de enfrentar los desafíos de la vida.

5. **Nos hace sentir parte de algo más grande**: tener relaciones significativas con otras personas nos permite sentirnos parte de una comunidad y a tener un sentido de pertenencia.

Es importante tener en cuenta que las relaciones saludables y significativas requieren tiempo y esfuerzo para mantenerse y cultivarse. Es muy útil dedicar tiempo a fortalecer nuestras relaciones y estar dispuestos a comunicarnos de manera honesta y abierta con nuestros amigos y familiares.

PARTICIPA EN ACTIVIDADES QUE PROPORCIONEN UN SENTIDO DE PROPÓSITO

Participar en actividades que proporcionen un sentido de propósito y significado, como voluntariado o trabajo en una causa que te importe es verdaderamente beneficioso para la salud mental porque:

1. **Proporciona una sensación de propósito**: cuando nos involucramos en actividades que tienen un propósito más grande que nosotros mismos, nos sentirnos más motivados y comprometidos.

2. **Ayuda a reducir el estrés**: el voluntariado puede ser una forma de

distraernos de nuestras preocupaciones y estrés cotidianos y enfocarnos en algo positivo y significativo, salir temporalmente de nuestros propios problemas nos permite descansar del mismo "runrún" en nuestra cabeza.

3. **Mejora el estado de ánimo**: ayudar a los demás y contribuir a crear una diferencia positiva en el mundo proporciona una sensación de satisfacción que se traduce en alegría.

4. **Fomenta la resiliencia**: el voluntariado nos ayuda a desarrollar habilidades y fortalecer nuestra determinación y resiliencia.

5. **Proporciona una red de apoyo**: el voluntariado nos permite conocer a otras personas con intereses similares y a formar relaciones saludables y significativas.

Es importante tener en cuenta que el voluntariado no es la única forma de encontrar un sentido de propósito y significado. Cualquier actividad que nos haga sentir que estamos haciendo una contribución positiva y nos proporcione un sentido de propósito puede ser beneficiosa para la salud mental.

APRENDE TÉCNICAS DE MANEJO DEL ESTRÉS

Aprender técnicas de manejo del estrés como la técnica de relajación muscular progresiva o la técnica de distracción cognitiva es beneficioso para la salud mental porque el estrés crónico afecta negativamente a la salud física y mental.

En concreto estas técnicas:

1. **Nos ayudarán a sentirnos más relajados** y a mejorar nuestro estado de ánimo.

2. **Conciliaremos el sueño** más fácilmente y dormiremos y descansaremos mejor.

3. **Mejoraremos la concentración**,

trabajando nuestra capacidad para enfocarnos.

4. Nos ayudará **evitar el agotamiento** y a mantener nuestra energía y vitalidad.

Es importante tener en cuenta que no hay una solución única para el estrés y que lo que funciona para una persona puede no funcionar para otra. Lo ideal es experimentar con diferentes técnicas y encontrar lo que funciona mejor para nosotros.

Existen diversas técnicas de manejo del estrés, vamos a centrarnos en dos que son fácilmente realizables.

Una es la **técnica de relajación muscular progresiva**. Es una forma de relajación que se centra en la tensión muscular.

Para practicar la técnica de relajación muscular progresiva, sigue estos pasos:

1. **Encuentra un lugar tranquilo** y cómodo para sentarte o tumbarte. Puedes usar una silla, un sofá o una cama. Asegúrate de estar cómodo y de que no te molesten las luces ni los ruidos.

2. **Cierra los ojos y concéntrate en tu respiración**. Inhala profundamente y exhala lentamente, intentando respirar de manera rítmica y regular.

3. **Comienza a relajar los músculos de la cabeza y el cuello**. Imagina que cada vez que exhales, la tensión se va de tu cuerpo. Siente cómo se relajan los músculos de tu mandíbula, mejillas, frente y cuello.

4. **Continúa relajando los músculos del resto del cuerpo**, trabajando de arriba abajo. Imagina que cada vez que exhales, la tensión se va de tus hombros, brazos, manos, pecho, abdomen, caderas, muslos, rodillas, pantorrillas y pies.

5. Una vez que hayas relajado todos los músculos del cuerpo, **concéntrate en mantener esa sensación de relajación** durante unos minutos. Puedes imaginar que estás en un lugar tranquilo y relajado, como en la playa o en el bosque.

6. Cuando te sientas preparado, **abre los ojos y vuelve a la actividad normal**, intentando llevar contigo esa sensación de relajación y tranquilidad.

La técnica de relajación muscular progresiva requiere práctica y paciencia para dominarla. Si tienes dificultades para relajar algunos músculos o si te cuesta concentrarte, no te preocupes. Con el tiempo, te irás acostumbrando y podrás relajarte con mayor facilidad.

La siguiente técnica es la **técnica de distracción cognitiva.** Es una forma de lidiar con pensamientos negativos o ansiedad a través de la distracción y se basa en la idea de que, al enfocar la atención en algo diferente, se puede disminuir la intensidad de los pensamientos o emociones negativas. Aunque la distracción cognitiva no resuelve el problema subyacente, puede ser útil como una forma temporal de aliviar el estrés o la ansiedad.

Para practicar la técnica de distracción cognitiva, sigue estos pasos:

1. **Identifica el pensamiento o emoción negativa** que estás experimentando. Puede ser una preocupación, miedo o ansiedad. Trata de describir el pensamiento de manera clara y específica.

2. **Encuentra una actividad que te distraiga** y te ayude a desviar la atención de ese pensamiento o emoción negativa. Puede ser cualquier cosa que te guste, como escuchar música, ver una película, hacer un rompecabezas o jugar con una mascota.

3. **Dedica <u>toda</u> tu atención a la actividad** de distracción durante unos minutos. Trata de no pensar en el pensamiento o emoción negativa que estabas experimentando. Si te distraes fácilmente, esta técnica puede ser muy efectiva para ti.

4. Cuando te sientas preparado, **regresa a la actividad normal**, tratando de llevar contigo una sensación de calma y de control.

Obviamente, esta técnica no resuelve el problema subyacente, pero puede ser útil como una forma de aliviar el estrés o la ansiedad en el momento.

HABLA CON UN TERAPEUTA

Lo más recomendable sin duda es hablar con un profesional de la salud mental porque dar ese paso va a:

1. **Proporcionarte un espacio seguro y sin juicio**: un terapeuta o consejero está allí para escucharte y brindarte apoyo, sin juzgarte ni emitir opiniones negativas. Esto puede hacerte sentir más cómodo al compartir tus pensamientos y sentimientos, lo que puede ser muy liberador.

2. **Ayudarte a identificar patrones de pensamiento y comportamiento**: a veces, nuestras propias percepciones pueden distorsionar la realidad y llevarnos

a sentirnos deprimidos, ansiosos o estresados. Un terapeuta te ayudará a identificar patrones de pensamiento y comportamiento que pueden estar contribuyendo a tu malestar emocional y a encontrar maneras de cambiarlos.

3. **Ofrecer técnicas de manejo del estrés y la ansiedad:** un profesional de la salud mental puede ayudarte a aprender y practicar correctamente técnicas de manejo del estrés y la ansiedad, como la respiración profunda, la meditación y la expresión de tus sentimientos de manera saludable.

4. **Proporcionarte una perspectiva objetiva**: es fácil que nuestros propios pensamientos y emociones nos abrumen y nos hagan ver las cosas de manera distorsionada. Un terapeuta te ofrecerá una perspectiva objetiva y te ayudará a ver las cosas de manera más clara.

ESTABLECE RUTINAS DIARIAS

Establecer rutinas diarias es una buena idea si queremos cuidar nuestra la salud mental por varias razones:

1. **Proporciona una estructura y un sentido de propósito**: lo que puede ayudar a reducir el estrés y la ansiedad.

2. **Facilita establecer hábitos saludables**: las rutinas diarias nos ayudan establecer hábitos saludables, como hacer ejercicio regularmente, comer alimentos saludables y descansar lo suficiente. Estos hábitos mejoran nuestro bienestar físico y mental.

3. **Nos permite programar tiempo para actividades que nos gusten**: actividades

como leer, escribir o pasar tiempo al aire libre. Esto nos hará sentirnos más satisfechos y tener una mayor sensación de bienestar.

4. **Nos ayuda a descansar y recargar energías**: y así prevenir el agotamiento y el estrés. Esto puede mejorar nuestra capacidad para manejar situaciones estresantes y mejorar nuestra salud mental en general.

Algunos consejos para establecer rutinas diarias son:

1. **Identifica tus objetivos**: ¿qué quieres lograr al establecer rutinas diarias? ¿Qué tareas o actividades son importantes para ti?

2. **Crea una lista de tareas**: haz una lista de todas las tareas que necesitas hacer cada día y divide las tareas en categorías, como trabajo, familia, salud y tiempo libre.

3. **Establece un horario**: decide a qué hora harás cada tarea y bloquea tiempo en tu calendario para cada una de ellas.

4. **Sé flexible**: no esperes que todo salga según lo planeado. A veces, las cosas pueden cambiar y es importante ser flexible y adaptarse a los cambios.

5. **Haz ajustes**: si te das cuenta de que algo no está funcionando, no tengas miedo de hacer ajustes y cambiar tu rutina para que se ajuste mejor a tus necesidades.

6. **Sé consistente**: trata de seguir tu rutina lo más consistentemente posible, incluso los fines de semana. Esto te ayudará a desarrollar buenos hábitos y a mantener una mayor productividad.

ADOPTA UNA DIETA SALUDABLE Y EQUILIBRADA

Una dieta saludable y equilibrada tiene un impacto positivo en la salud mental de varias maneras. ¿Cómo?

1. **Ayuda a regular los niveles de energía:** una dieta saludable y equilibrada regula los niveles de energía y evita el agotamiento y la falta de concentración, lo que mejora la capacidad para enfrentar situaciones estresantes.

2. **Contribuye a la producción de neurotransmisores**: ciertos nutrientes presentes en los alimentos, como la vitamina B, el hierro y el ácido fólico, son necesarios para la producción de neurotransmisores como la serotonina y la

dopamina, que mejoran el estado de ánimo y reducen la ansiedad y la depresión.

3. **Puede ayudar a regular el sueño**: una dieta saludable y equilibrada puede ayudar a regular el sueño si evitamos alimentos estimulantes como el café y el té y consumimos alimentos ricos en triptófano, un aminoácido que puede promover la producción de melatonina, la hormona del sueño. Un sueño adecuado es muy importante para la salud mental y el bienestar general.

4. **Mejora el bienestar físico**: una dieta rica en frutas, verduras y proteínas saludables puede ayudar a reducir el riesgo de enfermedades crónicas como la diabetes y la obesidad, lo que puede contribuir a una mayor sensación de bienestar.

En resumen, una dieta saludable y

equilibrada tiene un impacto positivo en la salud mental al regular los niveles de energía, contribuir a la producción de neurotransmisores, ayudar a regular el sueño y mejorar el bienestar físico.

APRENDE A EXPRESAR Y GESTIONAR LAS EMOCIONES A TRAVÉS DEL ARTE

Aprender a expresar y gestionar las emociones de manera saludable, como a través de la escritura o el arte beneficiará a tu salud mental por varias razones:

1. **Proporciona una vía de escape** para liberar emociones: a veces, es difícil expresar nuestros pensamientos y sentimientos de manera verbal. La escritura y el arte proporcionan una manera de liberar emociones de manera saludable y sin tener que depender de otras personas.

2. **Ayuda a procesar experiencias y sentimientos**: el proceso de escribir o

crear arte nos ayuda a reflexionar sobre nuestras experiencias y sentimientos y a ver las cosas desde una perspectiva diferente. Esto es especialmente útil para personas que han experimentado eventos traumáticos o situaciones estresantes.

3. **Proporciona una sensación de logro** y satisfacción mejorando nuestro estado de ánimo y nuestra autoestima.

4. **Es una forma de conectarnos con nuestra creatividad** y descubrir nuevas formas de expresión. Esto puede ser muy gratificante y ayudarnos a sentirnos más conectados con nosotros mismos y con el mundo que nos rodea.

¿Cómo puedes integrar este aprendizaje en tu vida?

1. **Practicando la escritura de diario** o el journalling: Escribe sobre tus emociones y cómo te sientes cada día. Esto te ayudará

a identificar patrones y a comprender mejor tus sentimientos.

2. **Haciendo dibujos o pinturas que reflejen tus emociones**: Utiliza diferentes colores y formas para representar tus sentimientos. De este modo liberarás tus emociones de manera creativa.
3. **Participando en talleres de escritura**: Puedes inscribirte en talleres de escritura creativa o terapéutica, que te ayudarán a aprender técnicas específicas para expresar tus emociones a través de la escritura.

4. **Experimentando con diferentes formas de arte**: como el dibujo, la pintura, la escultura o el canto, para encontrar la que mejor se adapte a ti y te permita expresar tus emociones de manera más efectiva.

PRACTICA LA GRATITUD

Practicar la gratitud tiene un impacto muy positivo sobre tu salud mental porque:

1. **Ayuda a aumentar la resiliencia** y la fortaleza emocional. Cuando somos agradecidos, podemos ver las cosas de una manera más positiva y esto nos ayuda a manejar mejor el estrés y las adversidades.

2. La gratitud **aumenta los niveles de felicidad y bienestar**. Al enfocarnos en las cosas positivas de nuestra vida, nos sentirnos más satisfechos y contentos.

3. **Fomenta el sentimiento de conexión** con los demás y con uno mismo, lo que

mejorara la autoestima y la autoimagen.

4. **Tiene efectos beneficiosos en el cuerpo**. Algunos estudios han demostrado que la gratitud puede disminuir los niveles de hormonas del estrés y aumentar la producción de otras hormonas que promueven la salud, como la oxitocina. También se ha relacionado la gratitud con una mejora del sistema inmunológico y una disminución de los síntomas de depresión y ansiedad.

Algunas maneras de practicar la gratitud serían:

1. **Escribir un diario de gratitud**: Cada día, dedica un tiempo para escribir una lista de las cosas por las que estás agradecido. Puede ser algo grande como tu familia o tu salud, o algo pequeño como el sol brillante o una taza de café caliente.

2. **Compartir tu gratitud con otras**

personas: Cuando alguien haga algo bueno por ti, toma un momento para expresar tu gratitud. Puedes hacerlo verbalmente o escribiendo una nota o un correo electrónico.

3. **Practicar la gratitud en el presente**: A veces, estamos tan ocupados pensando en el futuro o en el pasado que nos olvidamos de disfrutar el momento presente. Trata de estar atento a las cosas buenas que están sucediendo ahora mismo y reconócelas con gratitud.

4. **Hacer un esfuerzo consciente por ser agradecido**: Es fácil dar las cosas buenas de nuestras vidas por sentado. Intenta ser consciente de las cosas por las que estás agradecido y recordar expresar tu gratitud.

5. **Practicar la gratitud de forma regular**: Practicar la gratitud es como cualquier otra habilidad, requiere práctica y dedicación. Procura hacer un esfuerzo consciente

todos los días para ser agradecido y reconocer las cosas buenas de tu vida.

ACÉPTATE A TI MISMO Y A LOS DEMÁS

La aceptación de uno mismo y de los demás nos permite vivir de manera más saludable y equilibrada. Al aceptarnos tal y como somos, podemos evitar el autoconcepto negativo y la autoexigencia excesiva, lo que mejorara nuestro bienestar y nuestra autoestima. Además, la aceptación de uno mismo nos enseña a ser más compasivos con nosotros mismos, a ser menos críticos y exigentes con nosotros mismos, lo que sin duda contribuye a una mayor estabilidad emocional y un menor nivel de estrés.

La aceptación de los demás también puede ser muy beneficiosa para la salud mental. Cuando aceptamos a los demás tal y como son, evitamos el juicio y la crítica, y esto nos permite tener relaciones más saludables y satisfactorias. La aceptación de los demás también nos lleva a tener una actitud más positiva y tolerante hacia ellos.

¿Cómo podemos aprender a aceptarnos a nosotros mismos?

1. **Sé amable contigo mismo**. Habla contigo de la misma manera en que hablarías con un amigo querido. Trata de ser comprensivo y no juzgarte demasiado duramente.

2. **Acepta tus emociones**. Todos tenemos sentimientos negativos de vez en cuando, y es normal y saludable sentirse triste, enojado o ansioso. Aprende a reconocer y aceptar tus emociones en lugar de negarlas o reprimirlas.

3. **Practica la autocompasión**. Trata de ser compasivo contigo mismo cuando te sientas vulnerable o te equivoques.

Recuerda que todos cometemos errores y que es importante ser amables con uno mismo cuando no estamos en nuestro mejor momento.

4. **Aprende a decir "no"**. A veces, aceptarnos a nosotros mismos significa aprender a decir "no" a cosas que no nos hacen sentir bien o que van en contra de nuestros propios valores. Esto puede ayudarnos a sentirnos más seguros de nosotros mismos y más en control de nuestras vidas.

5. **Busca actividades que te hagan sentir bien** contigo mismo. Esto puede incluir hacer ejercicio, pasar tiempo en la naturaleza, practicar un hobby o hacer algo creativo. Al hacer cosas que te hagan sentir bien contigo mismo, aumentarás tu autoestima y tu autoimagen.

Aceptar a los demás tal y como son a veces no es tarea fácil pero se puede conseguir:

1. **Practica la empatía**: Intenta ponerte en el lugar de la otra persona y comprender cómo se siente y por qué actúa de la manera que lo hace.

2. **Aprende a aceptar tus propias limitaciones**: Si te sientes cómodo con tus propias limitaciones, es más fácil aceptar las de los demás.

3. **Recuerda que nadie es perfecto**: Todos tenemos nuestras propias fortalezas y debilidades. Intenta enfocarte en las fortalezas de la otra persona en lugar de sus debilidades.

4. **Practica la gratitud**: Aprende a reconocer y valorar las cualidades positivas de la otra persona, incluso cuando no estés de acuerdo con ellas.

5. **Trabaja en tu autoestima**: Si te sientes seguro de ti mismo y te quieres a ti

mismo, es más fácil aceptar a los demás tal y como son.

6. **Aprende a dejar ir**: Si algo no puedes cambiar, trata de dejarlo ir y enfócate en lo que sí puedes controlar.

En resumen, la aceptación de uno mismo y de los demás nos permite vivir de manera más equilibrada y saludable, mejorar nuestra autoestima y tener relaciones más satisfactorias y positivas con los demás.

TRABAJA EN LA RESOLUCIÓN DE PROBLEMAS Y LA TOMA DE DECISIONES EFECTIVAS

Trabajar en la resolución de problemas y la toma de decisiones efectivas nos permite abordar de manera adecuada los desafíos y dilemas que enfrentamos en la vida. Al tener habilidades para resolver problemas y tomar decisiones, **nos sentirnos más capaces y competentes**, lo que mejorara nuestra autoestima y nuestro bienestar.

Además, la resolución de problemas y la toma de decisiones efectivas **nos ayuda a reducir el estrés y la ansiedad**, ya que nos permiten encontrar soluciones a los problemas y tomar decisiones que nos acerquen a nuestras metas y objetivos. También nos hace ser más eficientes y productivos, mejorando nuestra satisfacción y nuestro sentido de logro.

También nos permite tener una **mayor confianza en nuestra propia capacidad** de enfrentar y resolver los desafíos de la vida, contribuyendo a una mayor resiliencia y fortaleza emocional.

Existen varias estrategias y técnicas que pueden ayudarnos a trabajar en la resolución de problemas y la toma de decisiones efectivas:

1. **Identificar el problema o dilema**: Es importante identificar claramente el problema o dilema que enfrentamos, para poder abordarlo de manera efectiva.

2. **Generar opciones**: Una vez identificado el problema, es importante generar una lista de opciones o soluciones posibles.

3. **Evaluar las opciones**: Tras ello, es

necesario evaluar cada una de las opciones en base a criterios predeterminados, para determinar cuáles son las más adecuadas. Tómate tu tiempo.

4. **Tomar una decisión**: Una vez evaluadas las opciones, es necesario tomar realmente una decisión y elegir la solución que consideremos más adecuada.

5. **Implementar la solución**: Tras tomar una decisión, deberías implementar la solución elegida y monitorear los resultados para evaluar su efectividad.

Otras estrategias que pueden ser útiles para trabajar en la resolución de problemas y la toma de decisiones efectivas incluyen el uso de mapas mentales, el análisis de pro y contra, y el uso de la técnica de "probar, aprender, ajustar".

Ten en cuenta que la resolución de problemas y la toma de decisiones efectivas requieren de práctica y de una actitud de aprendizaje continuo. Con el tiempo, podemos ir desarrollando y mejorando estas habilidades para abordar de manera efectiva los desafíos y dilemas que enfrentamos en la vida.

PARTICIPA EN TERAPIA DE GRUPO O APOYO GRUPAL

Participar en terapia de grupo o apoyo grupal es sin duda una buena idea. En primer lugar, el grupo **proporciona un ambiente seguro** y confidencial donde las personas pueden compartir sus pensamientos, sentimientos y experiencias de manera abierta y sin temor a ser juzgadas. Esto nos hace sentirnos más cómodos hablando de nuestros problemas y a sentirnos menos solos.

Por otro lado, el grupo ofrece la oportunidad de **recibir el apoyo y la comprensión** de otras personas que están pasando por situaciones similares. Esto nos lleva a sentirnos más comprendidos y menos aislados, un bálsamo para nuestra salud mental.

Además, el grupo puede proporcionar un **ambiente de aprendizaje** donde las personas comparten estrategias y técnicas para manejar sus problemas de salud mental y mejorar su bienestar general.

ESTABLECE HORARIOS DE SUEÑO REGULARES

Establecer horarios de sueño regulares y tratar de dormir lo suficiente afecta muy positivamente en nuestra salud mental.

En primer lugar, el sueño es importante para la función cerebral y el bienestar general. Durante el sueño, el cerebro se encarga de procesar y almacenar la información adquirida durante el día, lo que mejora la memoria y la capacidad de aprendizaje. Además, el sueño también ayuda a regular el estado de ánimo y a reducir el estrés y la ansiedad.

También ayuda a evitar los trastornos del

sueño, como el insomnio, que afectan negativamente la salud mental y el bienestar general.

Algunas formas de establecer horarios de sueño regulares son:

1. Trata de **acostarte y despertarte a la misma hora** todos los días, incluso los fines de semana.

2. **Evita la cafeína y el alcohol** en las horas previas a acostarte.

3. **Evita la exposición a pantallas** (como televisores, teléfonos móviles y computadoras) durante las horas previas a acostarte.

4. **Haz ejercicio regularmente**, pero trata de evitar hacer ejercicio muy cerca de la hora de acostarte.

5. **Crea un ambiente relajante** en tu

habitación para dormir, como mantener una temperatura fresca y oscuridad.

6. **Trata de relajarte** antes de acostarte, como leyendo un libro o tomando un baño caliente.

Es importante tener en cuenta que lo que funciona para una persona puede no funcionar para otra. Si tienes problemas para establecer horarios de sueño regulares, es posible que desees considerar hablar con tu médico o un profesional de la salud mental para obtener más consejos y ayuda.

PRACTICA YOGA O LA TÉCNICA DE RESPIRACIÓN PROFUNDA

Ambas prácticas pueden ayudar a reducir el estrés y la ansiedad al proporcionar una forma de relajación y concentración en el momento presente. La respiración profunda, en particular, ayuda a calmar la mente y el cuerpo al enviar señales al sistema nervioso para que se relaje.

El yoga y la respiración profunda también mejoran la atención plena y la conciencia de uno mismo, lo que te ayudará a manejar mejor tus emociones y a tener una mayor conexión con tu cuerpo y mente.

Además, ambas prácticas mejoran la

fuerza y la flexibilidad física, lo que contribuye a un mayor bienestar general.

Encontrarás numerosos libros y escuelas para aprender a practicar yoga y te invito a que busques aquel que te llame la atención.

Para practicar la técnica de respiración profunda:

1. **Encuentra un lugar cómodo y tranquilo** donde puedas sentarte o acostarte sin ser interrumpido.

2. **Cierra los ojos y comienza a concentrarte en tu respiración**. Siente cómo el aire entra y sale de tus pulmones.

3. **Inhala profundamente a través de la nariz**, sintiendo cómo el aire llena tus pulmones. Exhala lentamente por la boca, sintiendo cómo el aire sale de tus pulmones.

4. **Continúa respirando de esta manera** durante unos minutos, tratando de hacer que cada respiración sea más profunda y más lenta que la anterior.

5. Mientras respiras, **intenta concentrarte en el momento presente** y dejar de lado tus preocupaciones. Si te distraes con pensamientos, simplemente vuelve a centrar tu atención en tu respiración.

6. Cuando sientas que estás más relajado y en paz, **abre los ojos y vuelve a tu día a día**.

La técnica de respiración profunda es una práctica que lleva tiempo dominar. No te desanimes si no puedes hacerlo de inmediato. Practica con regularidad y verás que con el tiempo se te hará más fácil.

ESTABLECE LÍMITES SALUDABLES EN EL USO DE TECNOLOGÍA

Establecer límites saludables en el uso de tecnología y darte descansos regulares de la pantalla es bueno para la salud mental porque la tecnología puede ser estimulante y distraer nuestra atención de otras actividades importantes para nuestro bienestar, como el sueño, la comunicación cara a cara, el ejercicio y el tiempo para uno mismo. Además, el uso excesivo de la tecnología nos suele llevar a una sobrecarga mental y a una mayor probabilidad de síntomas de ansiedad y depresión.

Estos descansos, además, nos ayudan a prevenir la fatiga ocular y el dolor de cabeza, y mejorar la concentración y la memoria. También fomenta la conexión social y la interacción cara a cara con otros, lo cual es muy importante para nuestro bienestar emocional.

Algunas sugerencias para establecer límites saludables en el uso de tecnología:

1. **Identifica tus objetivos**: ¿Por qué quieres establecer límites en el uso de la tecnología? ¿Qué beneficios esperas obtener? Tener claro por qué lo haces te ayudará a mantenerte firme en el propósito.

2. **Establece metas realistas**: Determina cuánto tiempo quieres dedicar a la tecnología cada día o cada semana y márcate metas asequibles.

3. **Establece horarios**: Determina cuándo quieres utilizar la tecnología y fija horarios para su uso.

4. **Desactiva las notificaciones** de redes sociales y otras aplicaciones que distraen tu atención o interrumpen tu tiempo de descanso.

5. **Encuentra alternativas**: Busca actividades que puedan reemplazar el uso de la tecnología, como caminar al aire libre, leer un libro o tener una conversación cara a cara con un amigo.

6. **Marca también reglas familiares**: Si tienes hijos, establece reglas familiares sobre el uso de la tecnología, como prohibir su uso durante las comidas o antes de acostarse.

7. **Sé flexible**: No te sientas presionado para seguir estrictamente tus límites en todo momento. Si necesitas utilizar la tecnología por motivos laborales o de otra índole, no te culpes a ti mismo. Simplemente haz un esfuerzo por volver a tus límites tan pronto como sea posible. Lo

que no queremos es añadir más estrés si no todo lo contrario.

ENCUENTRA UN EQUILIBRIO ENTRE EL TRABAJO Y EL TIEMPO LIBRE

Tratar de encontrar un equilibrio entre el trabajo y el tiempo libre te ayudará a evitar la sobrecarga mental y el estrés.

Cuando trabajamos demasiado, nos sentirnos agobiados y agotados, lo que puede llevar a síntomas de ansiedad y depresión. Además, si no tenemos suficiente tiempo libre, es posible que no tengamos la oportunidad de hacer actividades que nos relajen y nos hagan sentir bien con nosotros mismos, como el ejercicio, el tiempo al aire libre o la socialización con amigos y familiares.

Además, el tiempo libre también es importante para nuestro bienestar físico. Nos permite descansar y recargar nuestras baterías, permitiéndonos enfrentar mejor el estrés y las exigencias del trabajo.

Aquí hay algunas sugerencias para encontrar un equilibrio entre el trabajo y el tiempo libre:

1. **Establece prioridades**: Determina lo que es más importante para ti en tu trabajo y en tu vida personal y enfoca tu tiempo y energía en esas áreas.

2. **Marca límites**: Aprende a decir "no" a compromisos que no sean importantes o que no aporten valor a tu vida. También es importante establecer límites claros entre el trabajo y el tiempo libre, como apagar tu teléfono o correo electrónico cuando no estás trabajando.

3. **Fija metas realistas**: Establece metas

realistas tanto en tu trabajo como en tu vida personal y trabaja de manera eficiente para lograrlas.

4. **Encuentra actividades que te hagan feliz**: Busca actividades que disfrutes y que te ayuden a relajarte y a desconectar del trabajo, como el ejercicio, el tiempo al aire libre o la socialización con amigos y familiares.

5. **Mantén una agenda q**ue incluya tanto tu trabajo como tu tiempo libre para ayudarte a mantener un equilibrio y a asegurarte de que tienes tiempo suficiente para todo.

6. De nuevo, **sé flexible**: No te sientas presionado para seguir estrictamente una rutina o un horario. Si necesitas trabajar más horas un día determinado, trata de equilibrarlo tomando un día libre o reduciendo tu carga de trabajo en otro momento.

DISFRUTA DE LA NATURALEZA

Está demostrado que el contacto con la naturaleza tiene un efecto positivo en nuestro bienestar emocional y mental, ya que nos permite desconectar de nuestras preocupaciones cotidianas y reconectar con el mundo que nos rodea.

Además, el contacto con la naturaleza puede fomentar la creatividad y la reflexión, y convertirse en un lugar ideal para practicar la meditación o la atención plena.

Algunos beneficios de pasar más tiempo incluyen:

1. **Reducción del estrés**: Pasar tiempo al aire libre reduce el estrés y la ansiedad al proporcionar un ambiente relajante y distraer la mente de los problemas cotidianos.

2. **Mayor bienestar emocional**: Promueve la sensación de placer, calma y sentido de la unidad con el mundo.

3. **Mejora de la concentración**: La naturaleza puede ser un ambiente estimulante que ayude a mejorar la concentración y la atención, especialmente si nos fijamos con atención en lo que nos rodea, observando, escuchando...

4. **Mayor actividad física**: La naturaleza proporciona un ambiente perfecto para hacer ejercicio y mantenerse activo, lo que sin duda mejorar la salud física y mental.

5. **Mayor conexión social**: Pasar tiempo en la naturaleza puede ser una oportunidad

para socializar con amigos y familiares.

Vivir en una ciudad no impide disfrutar de la naturaleza:

1. **Sal a caminar** por tu barrio y busca áreas verdes, como parques o jardines, donde puedas disfrutar de la naturaleza.

2. **Visita jardines botánicos o parques**: Muchas ciudades tienen jardines botánicos o parques que ofrecen oportunidades para disfrutar de la naturaleza.

3. **Haz una escapada al campo**: Si tienes la oportunidad, haz una escapada al campo o a la montaña para disfrutar de la naturaleza.

4. **Planta un jardín**: Si tienes espacio en tu hogar o en tu balcón, considera plantar un pequeño jardín con flores o verduras para disfrutar de la naturaleza en casa.

5. **Busca actividades al aire libre** que disfrutes, como caminar, correr, andar en bicicleta o ir en patinaje.

6. **Aprovecha las vistas**: Si vives en un lugar con vistas a la naturaleza, aprovecha esas vistas y pasa tiempo disfrutando de ellas.

7. **Trabaja en su hogar**: Si no tienes acceso a la naturaleza cerca de tu casa, trae la naturaleza a tu hogar. Puedes hacerlo a través de plantas de interior, peces en un acuario o adoptando una adorable mascota.

BUSCA ACTIVIDADES PLACENTERAS Y RELAJANTES

Escuchar música, ver una película o leer un libro proporcionan una vía de escape temporal de los problemas y preocupaciones cotidianas que sin duda ayudará a reducir el estrés y la ansiedad. Además, la música, el cine o la lectura pueden proporcionar una sensación de bienestar y satisfacción, lo que mejora el estado de ánimo y el bienestar general.

La música, en particular, tiene efectos fisiológicos positivos en el cuerpo, como reducir la presión arterial y la frecuencia cardíaca, y aumentar la liberación de hormonas del bienestar como la oxitocina.

La lectura también tiene efectos positivos en el cerebro: mejorar la memoria y la comprensión y es una forma ideal de relajarse y descansar.

En resumen, escuchar música y leer libros pueden ser actividades saludables y agradables que pueden ayudar a mejorar la salud mental y el bienestar general.

ENFÓCATE EN LO POSITIVO

El pensamiento positivo ayuda a reducir el estrés y la ansiedad, ya que nos permite ver las cosas de una manera más optimista y menos catastrófica. Esto puede ser especialmente útil cuando nos enfrentamos a situaciones difíciles o estresantes, ayudándonos a mantener una perspectiva más saludable y a encontrar soluciones a los problemas.

Por otro lado, el pensamiento positivo mejora sin duda el estado de ánimo y el bienestar general. Al enfocarnos en lo positivo, nos sentimos más contentos y gratificados, y esto tiene un impacto positivo en nuestro bienestar físico y mental.

Además, el pensamiento positivo puede afectar favorablemente en nuestras relaciones y en cómo interactuamos con los demás. Al tener una actitud más positiva, seremos más comprensivos y tolerantes con los demás, mejorando nuestras relaciones y nuestra conexión con los demás.

Algunas formas en las que puedes enfocarte en lo positivo son:

1. **Practicar la gratitud**: Reserva unos minutos cada día para reflexionar sobre lo que estás agradecido. Esto puede ser algo tan sencillo como una comida caliente o una charla agradable con un amigo. Al practicar la gratitud, aprendes a valorar lo que tienes y enfocarte en lo positivo de tu vida.

2. **"Esfuérzate" en ver las cosas de una manera más positiva**: En lugar de centrar tu atención en lo que va mal, trata

de encontrar cosas positivas en cada situación. Por ejemplo, si hace un día lluvioso, en lugar de centrarte en lo molesto que es, trata de verlo como una oportunidad para descansar, ver una película o piensa en lo necesario que es para limpiar el aire y para las cosechas.

3. **Rodearte de personas positivas**: Las personas con las que pasamos tiempo tienen un gran impacto en cómo nos sentimos. Procura rodearte de personas que te hagan sentir bien y que tengan una actitud positiva hacia la vida.

4. **Haz ejercicio y cuida tu salud**: El ejercicio y una buena nutrición pueden hacer maravillas por tu estado de ánimo y tu bienestar general. Intenta incorporar el ejercicio y la alimentación saludable en tu rutina diaria.

5. **Reserva tiempo para ti**: Asegúrate de tener tiempo para ti y hacer cosas que te

hagan sentir bien y relajado. Esto puede incluir actividades como hacer ejercicio, leer un libro o simplemente dar un paseo.

En resumen, enfocarse en lo positivo requiere un poco de práctica y esfuerzo, pero puede ser muy beneficioso para tu salud mental y bienestar general.

TOMA DESCANSOS REGULARES DURANTE EL DÍA

Tomar descansos regulares durante el día y hacer pausas para relajarse son necesarios para mantener una buena salud mental.

En primer lugar, el trabajo y otras actividades diarias pueden ser estresantes y exigentes, por lo que hacer descansos ayudará a recargar las baterías y reducir el estrés y la ansiedad.

Además, estas pausas te ayudarán a mejorar la productividad y la atención. Al permitirte descansar y recargar, estarás más enfocado y concentrado cuando vuelvas a trabajar, lo que sin duda mejorará tu rendimiento y eficiencia.

Los descansos también pueden ser una oportunidad para hacer actividades agradables y relajantes, como caminar, leer o escuchar música. Estas actividades proporcionarán una sensación de bienestar y satisfacción, mejorando el estado de ánimo y el bienestar general.

¿Cómo incorporar las pausas en tu día a día?

1. **Establece un horario**: Trata de establecer un horario regular para tomar descansos durante el día. Puedes programar una pausa de 15-30 minutos cada 2-3 horas para descansar y relajarte.

2. **Sal de tu espacio de trabajo**: Si trabajas en una oficina o en casa, y te lo puedes permitir trata de salir de tu espacio de trabajo durante los descansos. Puedes dar un paseo al aire libre o sentarte en un

lugar agradable y relajante durante tu pausa.

3. **Haz algo de ejercicio**: El ejercicio es una excelente forma de descansar y relajarse durante el día. Puedes hacer una caminata rápida o una sesión de yoga durante tu pausa para recargar las baterías y reducir el estrés.

4. **Practica la respiración profunda o la meditación**: Ambas te ayudarán a relajar el cuerpo y la mente. Puedes hacer una sesión breve de respiración profunda o meditación durante tus descansos para ayudarte a relajarte y a desconectar.

5. **Haz algo que te haga feliz**: Aprovecha tus descansos para hacer algo que te haga feliz y te ayude a relajarte. Actividades como leer un libro, escuchar música, o hacer cualquier otra actividad que te guste y te haga sentir bien.

Intenta establecer un horario regular para descansar y relajarte, y aprovecha tus descansos para hacer actividades agradables y relajantes.

EVITA EL ABUSO DE SUSTANCIAS, COMO EL ALCOHOL Y LAS DROGAS

El abuso del alcohol o las drogas tiene un impacto negativo en la salud mental de varias maneras. Algunos efectos a corto y largo plazo incluyen:

1. **Cambios de ánimo**: El alcohol y las drogas pueden alterar y provocar cambios bruscos en el estado de ánimo, como la euforia o la irritabilidad. Estos cambios de ánimo pueden ser difíciles de controlar y afectar la calidad de vida.

2. **Trastornos mentales**: El abuso de sustancias puede aumentar el riesgo de desarrollar trastornos mentales, como la

depresión y el trastorno de ansiedad. Además, también puede empeorar los síntomas de trastornos mentales preexistentes.

3. **Problemas cognitivos**: El abuso de sustancias puede afectar la memoria y el pensamiento y dificultar la toma de decisiones. Esto puede afectar la capacidad de una persona para funcionar adecuadamente en su vida diaria.

4. **Problemas de salud física**: El abuso de sustancias aumenta el riesgo de problemas de salud física, como enfermedades del corazón y el hígado. También aumenta el riesgo de accidentes y lesiones.

Por lo tanto, evitar el abuso de sustancias puede ayudar a proteger la salud mental y física y mejorar la calidad de vida en general.

NO EVITES LOS PROBLEMAS

Enfrentar y tratar los problemas de manera saludable en lugar de evitarlos puede prevenir que los problemas se agraven y por lo tanto ayuda a reducir el estrés y la ansiedad asociados con ellos.

Además:

1. **Mejora la resiliencia**: Enfrentar y superar los problemas desarrolla la resiliencia, es decir, la capacidad de adaptarse y recuperarse de situaciones difíciles. Esto fortalece la autoestima y la confianza y ayuda a manejar mejor los problemas futuros.

2. **Promueve la salud emocional**: Tratar los problemas de manera saludable ayuda a evitar la acumulación de problemas emocionales que acaban afectando a la calidad de vida.

3. **Fortalece las relaciones**: Ayuda a evitar malentendidos y conflictos y por lo tanto mejora la comunicación y la conexión con los demás.

Algunos consejos para tratar los problemas de manera saludable son:

1. **Identificar y nombrar el problema**: Es importante reconocer y nombrar el problema para poder abordarlo de manera efectiva. Esto ayudará a comprender mejor el problema y a determinar las opciones de solución.

2. **Establecer metas y objetivos**: Ayuda a enfocar los esfuerzos en resolver el problema de manera efectiva. También

ayudar a medir el progreso y a mantener la motivación.

3. **Buscar apoyo**: No hay necesidad de enfrentar los problemas solo. Buscar apoyo y consejo de otras personas, como amigos, familiares, puede ser muy útil en determinadas ocasiones. Si ves que no puedes solo, pide ayuda.

4. **Adoptar un enfoque positivo**: Enfocarse en lo que se puede controlar y en las soluciones en lugar de en los problemas te permitirá enfrentar los problemas de manera más saludable.

5. **Tomarse descansos y cuidar de uno mismo**: Esto puede incluir hacer ejercicio, dormir adecuadamente y comer de manera saludable.

6. **Pedir ayuda profesional**: Si los problemas son demasiado difíciles de manejar o si el estrés y la ansiedad son

abrumadores, es importante buscar ayuda profesional. Un terapeuta o consejero te brindará apoyo y te ayudará a encontrar soluciones.

RESERVA TIEMPO PARA HACER COSAS NUEVAS Y DIVERTIDAS

Reservar tiempo para hacer cosas nuevas y divertidas mejora nuestra la salud mental por varias razones:

1. **Ayuda a reducir el estrés y la ansiedad**: Distrae la mente de los problemas y el estrés diarios y proporciona una sensación de alegría y disfrute.

2. **Mejora el bienestar emocional** y aumenta la sensación de felicidad y satisfacción. Al experimentar cosas nuevas y divertidas, se activan las áreas del cerebro relacionadas con el placer y la recompensa.

3. **Fortalece la autoestima**: Nos hace

sentirnos más capaces y competentes y en consecuencia mejora nuestra autoestima Al hacer cosas nunca antes experimentadas o que nos gustan, se activan las áreas del cerebro relacionadas con el placer y la recompensa.

4. **Promueve la resiliencia**: Hacer cosas nuevas y divertidas ayuda a desarrollar la resiliencia, es decir, la capacidad de adaptarse y recuperarse de situaciones difíciles.

5. **Fortalece las relaciones**: Es una excelente manera de fortalecer las relaciones con otras personas y nos brinda una buena oportunidad para conocer gente nueva y para disfrutar de experiencias compartidas con amigos y familiares.

6. **Aporta nuevas experiencias y perspectivas**: Lo cual enriquece nuestra visión, amplía nuestros horizontes vitales y nos da más armas para afrontar los

cambios de la vida.

APRENDE A EXPRESAR Y MANEJAR LAS EMOCIONES DE MANERA SALUDABLE

Sin duda, este aprendizaje es muy valioso y una de las claves para mantener una buena salud mental porque:

1. **Ayuda a reducir el estrés y la ansiedad**: Al liberar la tensión emocional y permitir que se procesen las emociones de manera más efectiva.

2. **Mejora la comunicación**: Aprender a expresar las emociones de manera clara y asertiva mejora sin duda la comunicación, fortalece las relaciones en general y evita malentendidos y conflictos con otras personas.

3. **Ayuda a tomar decisiones**: Puede ayudar a tomar decisiones más racionales y a evitar decisiones basadas en emociones negativas como el enojo o la tristeza.

4. **Promueve la resiliencia**: Es decir, la capacidad de adaptarse y recuperarse de situaciones difíciles. Esto sin duda fortalece la autoestima y la confianza y facilita manejar mejor los problemas futuros.

¿Y cómo podemos expresar y manejar las emociones de manera más saludable?

1. **Aprende a identificar y nombrar las emociones**: Es importante aprender a reconocer y nombrar las emociones para poder manejarlas de manera efectiva. Esto te ayudará a comprender mejor las emociones y a determinar las causas de ellas.

2. **Practica la asertividad**: O lo que es lo

mimo: la capacidad de expresar los propios sentimientos y necesidades de manera clara y respetuosa. La asertividad nos permite expresar las emociones de manera saludable y a evitar conflictos.

3. **Aprende técnicas de manejo del estrés**: Las técnicas que hemos visto anteriormente como la respiración profunda, la meditación y el ejercicio, nos ayudan a reducir el estrés y la ansiedad y a manejar mejor las emociones.

4. **Busca apoyo**: No hay necesidad de manejar las emociones solo. Busca apoyo y consejo de otras personas, como amigos, familiares o profesionales de la salud mental. Si las emociones son demasiado difíciles de manejar o si el estrés y la ansiedad son abrumadores, es importante buscar ayuda profesional.

5. **Establece límites saludables**: De esta forma proteges tu bienestar emocional y

evitas situaciones estresantes y agotadoras.

HAZ EJERCICIOS DE MINDFULNESS O ATENCIÓN PLENA

El mindfulness es una práctica de atención plena y presencia mental que se originó en el budismo y se ha vuelto popular en el mundo occidental como una forma de reducir el estrés y mejorar la salud mental y emocional.

Hay muchas maneras en que el mindfulness puede beneficiar la salud mental. ¿Cómo lo hace?

1. **Reduciendo el estrés**: El mindfulness puede ayudar a reducir el estrés y la ansiedad al enseñarnos a concentrarnos en el momento presente y a aceptar nuestros pensamientos y emociones sin juicio.

2. **Mejorando la memoria y la atención**: Ya que requiere que las personas presten atención plena a lo que están haciendo en el momento presente.

3. **Incrementando la resiliencia**: Es decir, la capacidad de adaptarse y recuperarse de situaciones estresantes.

4. **Reduciendo la depresión y la ansiedad**: Algunos estudios han demostrado que el mindfulness es efectivo para tratar la depresión y la ansiedad. Trabajar el aquí y el ahora nos permite mirar nuestros problemas y angustias desde una perspectiva más objetiva y saludable.

El mindfulness es una práctica de atención plena y presencia mental que se puede hacer en cualquier momento y lugar. Aquí hay algunos pasos básicos para comenzar a hacer mindfulness:

1. **Meditación de atención plena**: La meditación de atención plena es una práctica que implica sentarse cómodamente y concentrarse en la respiración o en un objeto físico, como una vela o una flor, mientras se aceptan los pensamientos y emociones sin juicio. La meditación de atención plena se puede hacer durante unos minutos al día o durante períodos más largos.

2. **Ejercicios de atención plena durante el día**: Puedes practicar el mindfulness en cualquier momento del día, incluso mientras realizas actividades cotidianas como caminar, comer o hacer ejercicio. Para hacerlo, simplemente trata de prestar atención plena a lo que estás haciendo en el momento presente y acepta tus pensamientos y emociones sin juicio.

3. **Respiración consciente**: La respiración consciente es una forma simple de practicar el mindfulness. Para hacerlo,

simplemente toma unos minutos para sentarte cómodamente y prestar atención a tu respiración. Puedes contar cada inspiración y espiración o simplemente seguir el movimiento de tu pecho o abdomen mientras respira.

4. **Caminatas conscientes**: Las caminatas conscientes son otra forma de practicar el mindfulness. Para hacerlas, procura prestar atención plena a tus pasos y a tu entorno mientras caminas, sin juzgar ni evaluar lo que ves.

Recuerda que no hay una manera "correcta" de hacer mindfulness, y es normal que te distraigas con pensamientos o emociones. Lo importante es practicar con regularidad y ser amable contigo mismo. Con el tiempo, te sentirás más cómodo y podrás profundizar en la práctica.

APRENDE A ACEPTAR EL CAMBIO Y SER FLEXIBLE

La vida cambia constantemente y no tenemos poder sobre muchas de las cosas que nos ocurren. Por ello, aceptar que eso es así es sin duda una manera de:

1. **Reducir del estrés**: El cambio puede ser estresante, especialmente si no nos sentimos preparados para él. Aprender a aceptar el cambio y ser flexible nos ayuda a adaptarnos y a enfrentar los desafíos de manera más saludable, lo que reduce significativamente el estrés y la ansiedad.

2. **Ganar mayor resiliencia**: Lo que nos hace más fuertes y capaces de manejar

mejor los obstáculos que se nos presentan.

3. **Tener mayor flexibilidad mental**: Aceptar el cambio y ser flexible nos obliga a salir de nuestra zona de confort y a explorar nuevas perspectivas y formas de pensar. Esto nos permite tener una mente más flexible y abierta, lo que puede ser beneficioso para nuestra salud mental.

4. **Experimentar una mayor satisfacción con la vida**: Nos ayuda a ser más adaptables y a enfrentar los obstáculos de manera más saludable. Esto aumentará nuestra satisfacción con la vida y nuestro bienestar general.

Aceptar el cambio y ser más flexible puede ser un desafío, especialmente si estamos acostumbrados a una rutina o si tememos lo desconocido. Sin embargo, hay algunas cosas que puedes hacer para hacerte más flexible y manejar el cambio de manera más efectiva:

1. **Acepta que el cambio es parte de la vida**: Es normal tener miedo o resistencia al cambio, pero es importante recordar que el cambio es inevitable y puede traer nuevas oportunidades y experiencias.

2. **Mantén una mente abierta**: Trata de ver el cambio como una oportunidad en lugar de una amenaza. Si estás abierto a nuevas ideas y perspectivas, te será más fácil adaptarte a los cambios.

3. **Practica la resiliencia**: Te ayudará a manejar el cambio de manera más efectiva.

4. **Aprende a decir "sí" a lo nuevo**: A veces, el miedo al cambio viene de nuestra resistencia a hacer cosas nuevas. Intenta decir "sí" a nuevas oportunidades y experiencias, incluso si sientes miedo o incertidumbre.

5. **Encuentra maneras de reducir el estrés**: El cambio puede ser estresante, por lo que es importante encontrar maneras de reducir el estrés, como hacer ejercicio, meditar o hablar con amigos y familiares.

Recuerda que el cambio es un proceso y que no es necesario abrazarlo todo de una vez. Da pequeños pasos y permítete tiempo para adaptarte y acostumbrarte a los cambios.

PRACTICA LA EMPATÍA Y LA COMPASIÓN HACIA TI MISMO Y HACIA LOS DEMÁS

La empatía es la capacidad de comprender y sentir lo que otra persona está sintiendo o experimentando. Practicar la empatía y la compasión hacia uno mismo y hacia los demás tiene un gran impacto en la salud mental por varias razones.

En primer lugar, la empatía y la compasión nos permiten **conectarnos con los demás y sentirnos menos solos** y aislados. Cuando sentimos que tenemos a alguien que nos comprende y apoya, es más fácil lidiar con los desafíos de la vida y sentirse menos estresados y ansiosos.

En segundo lugar, la empatía y la compasión nos ayudan a **ver a los demás de una manera más comprensiva y no juzgarlos**. Esto reduce la tensión y la conflictividad en nuestras relaciones y contribuye a una mayor sensación de bienestar.

Por último, practicar la compasión hacia uno mismo nos permite **tratarnos con amabilidad y comprensión** y ser más gentiles con nosotros mismos. Esto nos hace sentirnos más seguros y tener una mayor confianza en nosotros mismos.

Algunas formas de practicar la empatía son:

1. **Escucha atentamente**: Intenta prestar atención a lo que la otra persona está diciendo y cómo lo dice. Procura ponerte en su lugar y tratar de entender sus sentimientos y perspectivas.

2. **Pregúntale a la otra persona cómo se siente**: A veces, es difícil entender cómo otra persona se siente sin preguntar directamente. Pregunta cómo se siente y qué piensa sobre una situación.

3. **Valida los sentimientos de la otra persona**: Aunque no necesariamente estemos de acuerdo con la otra persona, es importante validar sus sentimientos y reconocer que tienen derecho a sentirse como lo hacen.

4. **Haz contacto visual y toca a la otra persona**: El contacto visual y el contacto físico pueden ser muy potentes para mostrar empatía. Intenta establecer contacto visual y, si es apropiado, toca a la otra persona de manera suave mientras hablas con ellos.

5. **Practica la empatía hacia ti mismo**: Practicar la empatía hacia los demás también puede ayudarte a ser más

empático contigo mismo. Trata de ser comprensivo y compasivo contigo mismo cuando te sientas mal o estés pasando por una situación difícil.

De hecho, practicar la compasión por uno mismo es muy importante para nuestro bienestar emocional y nuestra relación con nosotros mismos. Aquí hay algunas formas de practicar la compasión hacia uno mismo:

1. **Habla contigo mismo de manera amable**: A menudo, somos muy críticos con nosotros mismos y nos hablamos de manera muy dura. Intenta hablarte a ti mismo de manera amable y compasiva, como lo harías con un amigo querido.

2. **Valida tus sentimientos**: A veces, nos negamos a sentir ciertas emociones o tratamos de negarlas o ignorarlas. Procura aceptar tus sentimientos, sin importar lo que sean, y reconoce que tienes derecho a sentirte como lo haces.

3. **Practica la gratitud**: La gratitud nos ayuda a ver las cosas buenas en nuestras vidas y a sentirnos más agradecidos y satisfechos. Escribe una lista de cosas por las que estés agradecido cada día o reserva un momento para reflexionar sobre las cosas buenas que tienes en tu vida.

4. **Haz actividades que te hagan sentir bien**: Encuentra actividades que te hagan sentir bien contigo mismo y que te proporcionen una sensación de satisfacción y logro. Esto puede incluir hacer ejercicio, cocinar, pintar, escribir, etc.

5. **Busca apoyo**: En ocasiones, puede ser difícil practicar la compasión hacia uno mismo sin la ayuda de otras personas. Busca el apoyo de amigos, familiares o un profesional de la salud mental si te sientes abrumado o necesitas ayuda para ser más compasivo contigo mismo.

PALABRAS FINALES

Como ves, la salud mental se compone de múltiples piezas que hay que procurar encajar para que todo funcione correctamente.

Unas piezas nos serán más fáciles de encajar que otras y muchas de ellas no podremos sin la ayuda de un profesional.

Nuestra infancia, juventud, vivencias, educación cultura... todo ello crea un bagaje en cada uno de nosotros, nos da unas armas ante la vida y nos quita otras. Pero incluso estas se pueden recuperar o reparar si contamos con la información y la ayuda necesaria.

Ahora sabes qué puedes hacer para tener

una salud mental fuerte. Esto te permitirá no solo mejorar tu propia vida si no también la de la gente que te rodea. Puede ser el comienzo de una revolución saludable para construir una sociedad más amable y humana.

Si cuidamos lo que comemos, si nos ejercitamos para estar fuertes y sanos, no dejemos de hacer lo mismo con nuestro interior, pues sin salud mental... no hay salud.

ESTRATEGIAS SENCILLAS Y EFICACES PARA PROTEGER *tu* SALUD MENTAL

LARA MIRALLES

www.ingramcontent.com/pod-product-compliance
Lightning Source LLC
LaVergne TN
LVHW060126051026
849517LV00007B/2423